Georg Beseler

Der Londoner Vertrag vom 8. Mai 1852 in seiner rechtlichen Bedeutung

Georg Beseler

Der Londoner Vertrag vom 8. Mai 1852 in seiner rechtlichen Bedeutung

ISBN/EAN: 9783743315853

Hergestellt in Europa, USA, Kanada, Australien, Japan

Cover: Foto ©ninafisch / pixelio.de

Manufactured and distributed by brebook publishing software (www.brebook.com)

Georg Beseler

Der Londoner Vertrag vom 8. Mai 1852 in seiner rechtlichen Bedeutung

DER
LONDONER VERTRAG

vom 8. Mai 1852

in seiner rechtlichen Bedeutung

geprüft

von

Dr. GEORG BESELER,

Geh Justizrathe und ord. Professor der Rechte an der K. Friedrich Wilhelms-
Universität zu Berlin.

MIT ANLAGEN.

BERLIN.
WEIDMANNSCHE BUCHHANDLUNG.
1863.

INHALT.

		Seite
§ 1.	Einleitung	5
§ 2.	Die Vorbereitung des Vertrages	5
§ 3.	Die Stellung der Paciscenten	12
§ 4.	Der Inhalt des Vertrages	19
§ 5.	Der Vorbehalt des Art. 3.	25
§ 6.	Die Nichtigkeit des Vertrages	26
§ 7.	Der Vertragsbruch von Seiten Dänemarks	33
§ 8.	Schluſs	37

Anlagen.

A. Entwurf des Londoner Protokolls vom 2. Juni 1850 38
B. Das Londoner Protokoll vom 2. Aug. 1850 39
C. Das Warschauer Protokoll vom $\frac{24.\ Mai}{5.\ Juni}$ 1851 42
D. Der Londoner Vertrag vom 8. Mai 1852 45
E. Stammtafel des Schleswig-Holsteinischen Fürstenhauses der Oldenburger 48

§. 1.
Einleitung.

Der Londoner Vertrag oder Tractat, *traité*, vom 8. Mai 1852 — nicht zu verwechseln mit dem vorbereitenden Protokoll vom 2. August 1850 — ist in seiner rechtlichen Bedeutung noch nicht so genau geprüft worden, als einerseits die Wichtigkeit und andererseits die eigenthümliche Beschaffenheit dieses merkwürdigen Actenstückes es erfordern. Auch die Verhandlungen in dem preufsischen Abgeordnetenhause vom 1. und 2. December d. J., so belehrend sie auch in vielfacher Hinsicht für die richtige Würdigung dieses Vertrages sind, haben ihrer Natur nach gerade die rechtliche Seite der Frage nicht erschöpfend behandeln können. Da ich nun eine völkerrechtliche Prüfung des Vertrages angestellt habe, so halte ich es für zeitgemäfs, das Resultat, zu welchem ich gelangt bin, zu veröffentlichen. Vielleicht gelingt es mir, dazu beizutragen, den Bann, welcher in so verhängnifsvoller Weise auf die schleswig-holsteinische Sache gelegt ist, zu lösen.

§. 2.
Die Vorbereitung des Vertrages vom 8. Mai 1852.

Der Erste, welcher dänischer Seits die Eventualität, dafs die Verbindung Dänemarks und Schleswig-Holsteins durch die verschiedene für beide Länder geltende Staatssuccession dereinst gelöst werden könne, klar und bestimmt ins Auge faſste, war König Christian VIII. von Dänemark. Ihm lag vor Allem die Bewahrung dessen, was er die Integrität des dänischen Gesammtstaates nannte, am Herzen, und er hatte es sich zur Lebensaufgabe gesetzt, die künftige Trennung der von ihm beherrschten Lande zu verhindern. Um zu diesem Ziele zu gelangen, ohne den Weg des Rechtes zu verlassen, konnte er in zwiefacher Weise thätig sein. Er konnte dahin wirken, die durch das dänische Königsgesetz begründete Successionsordnung, welche nach dem Abgange des Mannsstammes der älteren königlichen Linie die Cognaten zur Nachfolge in Dänemark berief, zu Gunsten des in Schleswig-Holstein zur Succession berechtigten Mannsstammes der anderen Linien des oldenburgischen Hauses abzuändern, oder es umgekehrt versuchen, den Erbverzicht des Mannsstammes zu Gunsten jener Cognaten zu erlangen. Aber die Durchführung des Plans in der einen oder anderen Weise muſste sich bald als in hohem Grade schwierig, wenn nicht als unmöglich herausstellen, und der König, nicht tief genug, um die Gefahren einer blos äuſserlichen Lösung der schwierigen Frage zu ermessen und ganz in dänischen Nationalvorurtheilen befangen, verlieſs nun den Weg des Rechtes und betrat den der Intrigue. Eine von ihm zur Untersuchung der Successionsverhältnisse in der dänischen Monarchie einseitig ernannte Commission erklärte, daſs die cognatische Erbfolge des Königsgesetzes für alle unter dem Scepter des Königs vereinigten Lande gelte, und daſs nur für einzelne Theile des Herzogthums Holstein die Frage zweifelhaft sei. Dies Ergebniſs der Commissionsberathungen verkündete er in dem Offenen Briefe vom 8. Juli 1846, indem er seinen Vorsatz aussprach, für die vollständige Anerkennung der Integrität der dänischen Gesammtmonarchie unausgesetzt wirken zu wollen.

Die deutsche Wissenschaft vernichtete das Ergebnifs des dem Offenen Briefe zum Grunde gelegten Commissionsberichts, und die deutsche Bundesversammlung wahrte in Folge einer von der holsteinischen Ständeversammlung eingereichten Beschwerde durch den Beschlufs vom 17. September 1846 die Rechte des Bundeslandes Holstein und der Agnaten des oldenburgischen Hauses. König Christian VIII. starb, ohne die Ausführung seines Planes gesichert zu haben, und die erste stürmische Regierungszeit seines Sohnes und Nachfolgers, Friedrich VII., war zu solchen Verhandlungen wenig geeignet. Sie wurden jedoch so bald als möglich wieder aufgenommen. Bereits am 2. Juni 1850 wurde von Rufsland, Frankreich und Schweden, welche Christian VIII. wohl schon für seine Gesammtstaats-Idee gewonnen hatte, mit Dänemark der Entwurf eines Protokolls zu London verabredet*). Auf die Einladung des Königs von Dänemark haben die Mächte (es werden alle genannt, auf deren Betheiligung man rechnete), in Erwägung, dafs die Aufrechthaltung der dänischen Monarchie, mit den allgemeinen Interessen des europäischen Gleichgewichts verknüpft, von hoher Wichtigkeit für die Erhaltung des Friedens ist, — beschlossen, die volle Uebereinstimmung (*le parfait accord*) zu constatiren, welche unter ihnen über die Aufrechthaltung dieses Princips bestehe. Sie ermächtigen ihre in der Conferenz vereinigten Bevollmächtigten zu der Erklärung, dafs es ihr einstimmiger Wunsch (*désir unanime*) ist, dafs die gegenwärtig unter der Krone Dänemark vereinigten Besitzungen in ihrer Integrität erhalten werden (§. 1); dafs sie demgemäfs die Weisheit der Absichten anerkennen, welche den König von Dänemark bestimmen, eventuell die Succes-

---

*) Siehe die Anlage *A*, abgedruckt aus der Augsb. Allg. Zeitung Nr. 189 vom 8. Juli 1850.

sionsordnung in dem königlichen Hause zu regeln, um die Arrangements zu erleichtern, welche die dänische Monarchie zusammen halten sollen (§. 2); dafs sie fortfahren werden, den Abschlufs der zu Berlin (zwischen dem deutschen Bunde und Dänemark) geführten Friedensverhandlungen zu fördern (§. 3); dafs sie sich endlich, wenn dies Ziel erreicht ist, vorbehalten, sich unter einander ins Einvernehmen zu setzen, um den Resultaten dieses Friedens ein neues Pfand (*gage*) der Stätigkeit (*stabilité*) durch ihren Beitritt zu geben.

Nach den Berichten öffentlicher Blätter ist England am 4. Juli 1850 diesem Protokoll beigetreten; unterzeichnet ist es erst am 2. August. In Folge des Friedens von Berlin erfuhr der erste Entwurf einige Abänderungen. Die Mächte wünschen sich Glück, dafs der Frieden zu Stande gekommen (§. 3) und behalten es sich (§. 4) mit Hinblick auf die Erklärung in §. 2 vor, nähere Verabredung unter einander in der Absicht zu treffen, um durch einen europäischen Anerkennungsact ein neues Pfand für die Stätigkeit dieser Arrangements zu geben*). — Die Beitrittserklärung Oesterreichs erfolgte am 23. August 1850, die Preufsens, ungeachtet früherer Proteste, im Anfange des Jahres 1852; doch hatte sich die letztere Macht schon in einem geheimen Artikel zum Berliner Frieden vom 2. Juli 1850 im Allgemeinen bereit erklärt, an den Verhandlungen Theil zu nehmen, welche der König von Dänemark veranlassen werde,

---

*) S. die Anlage *B*. Ich sehe mich durch eine gütige Mittheilung in den Stand gesetzt, das französische Original zu veröffentlichen. Ueber die das Londoner Protokoll betreffenden Verhandlungen vgl. Protest gegen die Theorie des dänischen Gesammt-Staats (Mannheim, 1852.) S. 67 ff.

um die Successionsordnung für die unter seinem Scepter vereinigten Staaten zu regeln*).

Wie unbestimmt in Form und Inhalt dieses Protokoll ist, ergiebt sich auf den ersten Blick. Es wird die Uebereinstimmung der Mächte in Betreff der Aufrechthaltung des Princips der Integrität der dänischen Gesammt-Monarchie constatirt; es werden Wünsche geäufsert und ein Act der europäischen Anerkennung für die Sicherung gewisser Mafsnahmen in Aussicht gestellt; über die Art aber, wie die Successionsverhältnisse in der dänischen Monarchie geordnet werden sollen, findet sich keine Andeutung und der ganzen Verhandlung fehlt noch der Charakter des Vertrags. Die Angelegenheit bekam erst die entscheidende Wendung, als Kaiser Nicolaus von Rufsland thätig eingriff, indem er den doppelten Zweck verfolgte, seine dominirende Stellung am Sunde auf die Dauer zu sichern, und zugleich das Interesse seines Hauses in sehr bestimmter Weise zu fördern. Am $\frac{\text{24. Mai}}{\text{5. Juni}}$ 1851 ward zu Warschau von russischen und dänischen Bevollmächtigten ein Protokoll unterzeichnet, welches sich an die Tractate von 1767 und 1773 anschliefst, kraft deren der Grofsfürst Paul auf seine Ansprüche an die Herzogthümer Schleswig-Holstein gegen Abtretung der Grafschaften Oldenburg und Delmenhorst verzichtete. Diesen Verzichten wird aber eine weder den Worten noch dem Geiste der Verträge entsprechende beschränkte Wirkung beigelegt, und daraus gefolgert, dafs sie mit dem Aussterben des Mannsstammes der älteren Königlichen Linie erlöschen

---

*) S. die Fortsetzung von Martens, recueil général von Samwer, II. p. 344.

würden. Indem ferner angenommen wird, dafs für die unter dem Scepter des Königs von Dänemark vereinigten Lande, abgesehen von den Ansprüchen des Holstein-Gottorpischen Hauses, nach dem dänischen Königsgesetze die cognatische Succession gilt: gelangt das Protokoll zu der Voraussetzung, dafs der Kaiser von Rufsland als gleichberechtigter Interessent bei der Ordnung der dänischen Staatssuccession betheiligt sei. In Gemeinschaft mit dem Könige von Dänemark wird dann über diese Staatssuccession eine Vereinbarung getroffen, indem der Kaiser Nicolaus im Gegensatze zu seinem Vater, welcher auf dasjenige, was ihm gehörte, verzichtete, über dasjenige verfügte, worüber er nicht allein zu disponiren hatte.

In dem ersten Artikel des Protokolls*) wird die Aufrechthaltung der Integrität der dänischen Monarchie nicht wie in dem Londoner Protokoll durch das Interesse des europäischen Gleichgewichts und als wichtig zur Erhaltung des Friedens überhaupt motivirt, sondern der Frieden im Norden und im Innern des oldenburgischen Hauses wird hier als Beweggrund vorausgeschickt. Dies Ziel kann nur mit Hülfe einer „Combination" erreicht werden, welche mit Ausschliefsung der Weiber den Mannsstamm allein zur Succession in alle unter dem Scepter des Königs von Dänemark vereinigten Lande beruft. Zu diesem Behuf wird nun ein politisches Arrangement der merkwürdigsten Art vereinbart. Das nach dem Königsgesetz begründete cognatische Erbrecht soll durch Verzichte auf die Prinzessin Louise von Hessen, die Gemahlin des Prinzen Christian von Schleswig-Holstein-Sonderburg-Glücksburg übertragen werden; der

---

*) S. die Anlage *C*, abgedruckt aus der Beilage der Augsb. Allg. Zeitung vom 26. Nov. 1852 Nr. 331.

Kaiser von Rufsland will seiner Seits in einer freilich sehr bedingten Weise auf sein eventuelles Recht an den Herzogthümern Schleswig-Holstein zu Gunsten des genannten Prinzen und seiner männlichen Nachkommen aus der Ehe mit der Prinzessin Louise verzichten. Auf diese Weise wird das Resultat erreicht, dafs beide fürstliche Personen, — die Prinzessin als cognatische Erbin in Dänemark, und der Prinz, ein jüngerer Sohn von dem jüngeren Zweige der Schleswig-Holstein-Sonderburgischen Linie, mit einander (*conjointement*) zur Nachfolge in die dänische Monarchie vom Könige von Dänemark designirt werden sollen. Der von ihnen entsprossene Mannsstamm vereinigt dann die Rechte beider Eltern. — Der Agnaten der jüngeren Königlichen Linie und ihrer durch den Bundesbeschlufs vom 17. Sept. 1846 gewahrten Rechte wird dabei ausdrücklich gar nicht gedacht, nur die folgende Stelle des Protokolls wird vielleicht auch auf sie zu beziehen sein. Sollten, heifst es hier, noch andere Erbverzichte für nützlich und wünschenswerth (*utiles et désirables*) erachtet werden, um dieser Combination einen vollkommenen Erfolg zu sichern, so wird es dem Könige obliegen, solche Entschädigungen zu übernehmen, die als rechtsbegründet und billig anerkannt werden könnten. — Es wird endlich bestimmt, dafs die Verhandlungen, welche nothwendig sind, um den „Arrangements" den Charakter einer europäischen Uebereinkunft (*d'une transaction Européenne*) zu geben, zu London geführt werden sollen.

Man sieht, die Politik des offenen Briefs war in die rechten Hände gekommen.

§. 3.
Die Stellung der Paciscenten.

Für die weiteren Verhandlungen in London war nun mit dem Abschluſs des Warschauer Protokolls ein bestimmter Gegenstand gewonnen. Unter der Betheiligung sämmtlicher Groſsmächte, so wie Dänemarks und Schwedens kam am 8. Mai 1852 der Londoner Vertrag (*traité*) zu Stande*), dessen Anfänge im ersten Entwurf des Londoner Protokolls vom 2. Juni 1850 enthalten sind.

Für die rechtliche Beurtheilung eines Vertrages, der nicht unter die gewöhnlichen civilrechtlichen Contractsformen fällt, kommt es aber vor Allem darauf an, die Stellung, welche die Paciscenten in demselben einnehmen, genau zu bestimmen, damit man weiſs, wer Promittent und wer Acceptant ist. Für den Londoner Vertrag ist dies um so mehr nöthig, da er auffallend schlecht redigirt ist, und es einer sorgfältigen Analyse bedarf, um nur zu erkennen, wie es sich überhaupt mit den Personen der Paciscenten verhält. Diese Analyse wird dann auch für die späteren Ausführungen eine sichere Grundlage gewähren.

A. Der Eingang.

1. „Die fünf Groſsmächte und der König von Schweden haben, in Betracht, daſs die Aufrechthaltung der Integrität der dänischen Monarchie, als in Verbindung stehend mit den allgemeinen Interessen des Gleichgewichts der europäischen Mächte, von groſser Bedeutung für die Erhaltung des Friedens ist, und daſs ein Arrangement, durch welches die Succession für alle gegenwärtig unter dem Scepter des Königs von Dänemark vereinigten Lande (*domaines*) unter dem Aus-

---

*) S. die Anl. D, abgedruckt aus der Augsb. Allg. Zeitung, Beil. zu Nr. 178 vom 26. Juni 1852.

schlufs der Weiber auf die Hauptlinie übertragen würde, das beste Mittel wäre, die Integrität dieser Monarchie zu sichern (*garantir*) — beschlossen, auf die Einladung (*demande*) des Königs von Dänemark einen Vertrag zu schliefsen, um den diese Ordnung der Succession betreffenden Arrangements durch einen Act der europäischen Anerkennung ein neues Pfand der Stätigkeit zu geben."

Hier sind die sechs Mächte dem Könige von Dänemark gegenüber gestellt.

2. „Die hohen contrahirenden Theile haben demnach ihre Bevollmächtigten ernannt; dieselben haben ihre Vollmachten ausgetauscht und richtig gefunden und sämmtlich (*tous*) die folgenden Artikel angenommen."

Da unter den Bevollmächtigten auch der des Königs von Dänemark ausdrücklich aufgeführt wird, und sie alle an dem Abschlufs des Vertrages Theil genommen haben, so gehört auch der König von Dänemark zu den contrahirenden Theilen.

B. Der Vertrag.

Art. 1. „Nachdem der König von Dänemark die Interessen seiner Monarchie in ernste Erwägung genommen, und da er mit Zustimmung des Erbprinzen, seines nächsten Anverwandten und nach dem dänischen Königsgesetze zur Nachfolge berufen, so wie im Einverständnifs mit dem Kaiser von Rufsland, dem Haupte der älteren Linie des Holstein-Gottorpischen Hauses, seinen Wunsch erklärt hat, die Ordnung der Succession in seinen Staaten so zu regeln, dafs bei dem Abgange des Mannsstammes in der directen Linie König Friedrich III. von Dänemark, seine Krone auf den Prinzen Christian von Schleswig-Holstein-Sonderburg-Glücksburg und dessen Nachkommenschaft aus seiner Ehe mit der Prinzessin Louise von Hessen nach dem Rechte der Erstgeburt, von

Mann auf Mann übertragen werde: so verpflichten sich die hohen contrahirenden Theile, würdigend die Weisheit der Absichten, welche die Annahme dieser Combination herbeigeführt haben, in gemeinsamer Uebereinstimmung (*d'un commun accord*) für den Fall, wo die in Aussicht genommene Eventualität sich verwirklichen kann, in S. K. H. dem Prinzen Christian von Schleswig-Holstein-Sonderburg-Glücksburg und seinen bezeichneten männlichen Nachkommen das Recht, in die Gesammtheit der gegenwärtig unter dem Scepter des Königs von Dänemark vereinigten Staaten zu succediren, anzuerkennen."

In diesem, den Kern des ganzen Abkommens enthaltenden Artikel, ist der König von Dänemark unter den „hohen contrahirenden Theilen" nicht begriffen. Denn die Weisheit seiner Absichten kann er doch nicht selbst würdigen, und ein Successionsrecht nicht anerkennen, welches durch ihn hergestellt werden und in der Person seines Nachfolgers sich verwirklichen soll.

Art. 2. „Die hohen contrahirenden Theile, das Princip der Integrität der dänischen Monarchie als ein dauerndes anerkennend, verpflichten sich, die weiteren Eröffnungen in Betracht zu ziehen, welche der König von Dänemark für gut befinden wird ihnen zu machen, wenn (was Gott verhüte) der Ausgang der männlichen Nachkommen des Prinzen Christian aus seiner Ehe mit der Prinzessin Louise bevorstehen sollte."

Auch hier ist der König von Dänemark, dessen weitere Eröffnungen entgegen genommen werden sollen, unter den „hohen contrahirenden Theilen" nicht begriffen.

Art. 3. „Es wird ausdrücklich angenommen, daſs die gegenseitigen Rechte und Pflichten des Königs von Dänemark und des deutschen Bundes, die Herzogthümer Holstein und Lauenburg betreffend, Rechte und Pflichten begründet durch die Bundesacte von 1815 und das geltende Bundesrecht (*loi fédérale actuelle*) durch den gegenwärtigen Vertrag keine Veränderung erleiden."

Hier ist der König von Dänemark zugleich Promittent und Acceptant.

Art. 4. „Die hohen contrahirenden Theile behalten sich das Recht vor, den gegenwärtigen Vertrag zur Kenntnifs der andern Mächte zu bringen, und sie zum Beitritt einzuladen."

Art. 5. „Der gegenwärtige Vertrag wird ratificirt und die Ratificationen werden in der Frist von sechs Wochen oder so bald als möglich ausgewechselt werden."

In diesen beiden Artikeln ist auch der König von Dänemark, dessen Bevollmächtigter den Vertrag mit unterschrieben hat, unter den „hohen contrahirenden Theilen" verstanden.

Also in dem ersten Abschnitt des Einganges stehen die sechs Mächte und der König von Dänemark einander gegenüber; ebenso im ersten und zweiten Artikel des Vertrages, in welchen unter den contrahirenden Theilen der Letztere nicht mitbegriffen ist; im ersten und zweiten Absatze der Einleitung und Art. 3—5 ist dies aber der Fall. Der Ausdruck „contrahirende Theile" wird daher in einem weiteren und einem engeren Sinne gebraucht; es werden bald alle Theilnehmer am Vertrage, bald alle mit Ausnahme des Königs von Dänemark darunter verstanden. Dies führt zu folgenden Erwägungen, nach welchen sich die Stellung der einzelnen Paciscenten bestimmen läfst.

I. Nach dem Eingange soll ein Vertrag geschlossen werden, aber zwischen welchen Mächten wird nicht gesagt, sondern nur hervorgehoben, dafs der Beschlufs auf die Einladung des Königs von Dänemark gefafst sei. Nun kann aber nach dem Obigen der Letztere in Art. 1 und 2, welche von der

Anerkennung und beziehungsweise Ergänzung des neuen Successionsrechtes handeln, nur als Acceptant thätig gewesen sein, und die „hohen contrahirenden Theile" stehen ihm hier also als die Promittenten gegenüber, so dafs ein Vertrag vorliegt, bei welchem sich Mehrere einem Dritten zur Anerkennung eines Rechtsverhältnisses verpflichten.

II. Ein solcher Vertrag kann in dreifacher Weise abgeschlossen werden.

a) Als Garantievertrag, indem die Promittenten die Verpflichtung übernehmen, die von ihnen anerkannten Rechtsverhältnisse gegen die Angriffe Anderer zu schützen. Eine solche Verpflichtung mufs aber bestimmt und ausdrücklich übernommen werden; eine Vermuthung dafür ist nicht begründet*). In dem Londoner Vertrage findet sich davon keine Spur; denn wenn im Eingange, bei der Erwägung, dafs die Einführung einer neuen Successionsordnung das beste Mittel sei, die Aufrechthaltung der Integrität der dänischen Monarchie zu sichern, das Wort „garantir" vorkommt, so liegt es auf der Hand, dafs es hier nicht in der technischen Bedeutung der Gewährleistung gebraucht ist. Wie verlautet, ist es der traditionellen Abneigung Englands gegen die Uebernahme von Garantien zu verdanken, dafs der Vertrag nicht diese Tragweite bekommen hat**).

b) Mehrere können sich einem Dritten gegenüber in der Art verpflichten, dafs sie nicht nur gegen ihn eine Verbindlichkeit übernehmen, sondern auch unter einander in ein Rechtsverhältnifs treten, durch welches für sie wechselseitige Rechte und Verbindlichkeiten entstehen. Die civilistische

---

*) Vgl. Heffter, das Europ. Völkerrecht S. 179 und die dort citirten Schriftsteller.

**) Vgl. die Correspondenz aus der Mark in der Norddeutschen Allg. Zeitung vom 21. November 1863 Nr. 272.

Formel für ein solches Verhältnifs ist, dafs die *correi* auch *socii* sind. Hätten die Theilnehmer des Londoner Vertrags (die hohen contrahirenden Theile im engern Sinne) dies vereinbart, so würden sie nicht nur als Einzelne dem Acceptanten gegenüber zur Anerkennung des neuen Successionsrechts verpflichtet sein, sondern jeder von ihnen hätte gegen die andern den Anspruch erworben, die Aufrechthaltung des Vertrags zu fordern.

Dafs ein solches Abkommen ursprünglich von einzelnen Theilnehmern beabsichtigt worden ist, kann nicht bezweifelt werden. Nach Anl. *A.* sind zu dem Entwurfe des Protokolls v. 2. Juni 1850 §. 4 zwei abweichende Fassungsvorschläge gemacht worden. Der Eine wird als von Lord Palmerston verworfen bezeichnet, und lautet:

„— un gage additionel de stabilité en signant entre elles une convention destinée à confirmer le principe du maintien de l'intégrité de la monarchie Danoise."

Die andere Formel als noch mit Lord Palmerston zu discutiren:

„— un gage additionel de stabilité en convertissant le présent protocole en une convention qu'elles signeraient entre elles."

Noch deutlicher tritt diese Absicht in der Schlufsbestimmung des von Rufsland und Dänemark vollzogenen Warschauer Protokolls hervor, indem vereinbart ist, dafs die nothwendigen weiteren Verhandlungen zu London statt finden sollen, — „pour donner aux arrangements — le caractère d'une transaction Européenne".

Allein davon ist in den Londoner Vertrag nichts übergegangen. Die entscheidende Stelle findet sich im Art. 1, wo es heifst: „les hautes parties contractantes s'engagent d'un commun accord". — Es besteht eine Uebereinstimmung, und eine solche ist nothwendig eine gemeinsame; aber sie ist nicht zu einer vertragsmäfsigen, die *correi* unter einander bindenden gemacht. Die Verpflichtung gilt nur dem Acceptanten gegenüber; unter den Promittenten findet eine Gemeinschaft der Anschauungen und Motive statt, aber kein rechtliches Band, welches sie unter einander einigte, — keine „transaction commune", wie es im Eingange der Schlufsacte des Wiener Congresses heifst. Keiner der Promittenten ist befugt, von den andern die Dauer des „accord" zu fordern und zu erzwingen; wo kein Vertrag ist, da ist auch kein Vertragsbruch möglich.

c) Wenn hier ein Vertrag mit einer rechtlichen Verpflichtung eingegangen ist, so kann es nur unter den Promittenten als *correi* ohne Societät und dem Acceptanten geschehen sein: das ist die stärkste rechtliche Wirkung, welche dem Uebereinkommen beigelegt werden darf. Dafs aber auch nur dieses erreicht werden sollte, ergiebt sich noch besonders aus folgendem Grunde. Wenn ein völkerrechtlicher Vertrag abgeschlossen ist, so wechseln die Paciscenten unter einander die Ratificationen aus, die „ratifications réciproques", wie es im Eingange der Schlufsacte des Wiener Congresses heifst. Die in Art. 5 des Londoner Vertrags vorgesehene Auswechselung der Ratificationen hat zu London stattgefunden, aber wie auch von Seiten der preufsischen Staatsregierung in der Sitzung des Abgeordnetenhauses vom 1. Dec. d. J. bestätigt ist, nur zwischen Dänemark und den andern Paciscenten, nicht aber zwischen diesen letzteren unter einander.

§. 4.
Der Inhalt des Vertrages.

Der Zweck des Londoner Vertrages ist im Eingange angegeben. Damit die Aufrechthaltung der Integrität der dänischen Monarchie gesichert werde, haben die sechs Mächte beschlossen, einen Vertrag einzugehen, um den Arrangements, welche bestimmt sind, eine Veränderung in dem dänischen Thronfolgerecht einzuführen, durch einen Act der europäischen Anerkennung ein neues Pfand der Stätigkeit zu geben. Zuerst ist nur von einem Arrangement die Rede, später von den Arrangements, ohne dafs man sieht, ob diese als schon getroffen oder erst in Aussicht stehend gedacht werden. Der Unterschied ist wichtig, weil es scheinen könnte, dafs ersteren Falls die Arrangements des Warschauer Protokolls hier nebenher zur europäischen Anerkennung gelangt seien. Allein gegen diese Auslegung spricht doch, dafs ein solcher wichtiger Act nicht verdeckt und in zweideutigen Ausdrücken vollzogen zu werden pflegt, und dafs im Art. 1, welcher erst den Vertrag selbst enthält, nur von einem Wunsche des Königs von Dänemark die Rede ist, die Successionsordnung in seinen Staaten auf eine bestimmte Weise zu regeln, und die Anerkennung nur auf das eventuelle Successionsrecht selbst bezogen ist.

I. Das entscheidende Motiv für die ganze Vereinbarung ist die Aufrechthaltung der Integrität der dänischen Monarchie, welche mit den allgemeinen Interessen des europäischen Gleichgewichts in Verbindung gebracht und als eine Sache von hoher Wichtigkeit für die Erhaltung des Friedens bezeichnet ist. Diese Motivirung, welche sich schon im ersten Entwurf des Protokolls findet, ist also beibehalten, und die im Warschauer Protokoll beliebte, welche den Frieden im

Norden und im oldenburgischen Hause an deren Stelle setzt, nicht berücksichtigt worden. Man erkennt hierin die Uebung der Diplomaten im Gebrauche gewisser pomphafter Phrasen, welche der Fürst Metternich mit so grofser Virtuosität zu verwenden wufste und die noch jetzt in den officiellen Actenstücken eine so bedeutende Rolle spielen. In diesem Falle sind sie dazu bestimmt, den Bruch des öffentlichen europäischen Rechts, den diese „Arrangements" vorbereiten sollen, zu verdecken, und es lohnt sich daher nicht der Mühe, auf eine Kritik der gebrauchten Gemeinplätze genauer einzugehen. Es wäre sonst ein Leichtes nachzuweisen, dafs das europäische Gleichgewicht doch unmöglich gewinnen kann, wenn der russische Einflufs in Kopenhagen sicher gestellt, und die Erbansprüche des kaiserlichen Hauses auf die Herzogthümer Schleswig-Holstein durch das Wegdrängen der Agnaten des Sonderburgischen Hauses um Vieles drohender gemacht werden. Wie aber der Londoner Vertrag den Frieden gesichert hat, das zeigen die Ereignisse, welche in Folge dieser Vereinbarung nach dem Tode König Friedrich VII. von Dänemark eingetreten sind.

II. Indessen ist im Eingange des Vertrages die Aufrechthaltung der Integrität der dänischen Monarchie nur als ein Motiv für die Abschliefsung des Vertrages angeführt, und im Art. 1 die Anerkennung auch nur auf das veränderte Successionsrecht bezogen worden. Anders scheint es sich dagegen im Art. 2 zu verhalten. Hier verpflichten sich nämlich die sechs Mächte, für den Fall, dafs der Mannsstamm des Prinzen Christian und der Prinzessin Louise abgeht, weitere Eröffnungen des Königs von Dänemark in Betracht zu ziehen, — *en reconnaissant le principe de l'intégrité de la monarchie Danoise comme permanent.* Statt von der Aufrechthaltung der Integrität wird hier von dieser selbst gehandelt; sie wird als ein Princip und zwar als ein dauerndes anerkannt: hier scheint also das, was im Eingange und im Art. 1 ein Beweggrund für die Anerkennung des Successionsrechtes ist, selbst zum Gegenstande der Anerkennung gemacht zu sein. Allein dieser Auffassung tritt der Umstand entgegen, dafs auch die Worte: *en reconnaissant le principe* etc. nur den Beweggrund dafür ausdrücken, dafs für den angenommenen Fall weitere Eröffnungen des Königs von Dänemark in Betracht zu ziehen sind, und dafs, weil dieser Fall in der Zukunft liegt, das Princip der Integrität als ein dauerndes gelten mufs. Im Eingange des Londoner Protokolls ist allerdings von der Aufrechthaltung des Princips der Integrität der dänischen Monarchie die Rede; allein im §. 4, welcher den Act der Anerkennung in Aussicht nimmt, wird diese, wie im Eingange des Vertrags, nur auf die Arrangements bezogen. Es wäre also eine von dem früheren Gange der Verhandlungen abweichende und dem Eingange und Art. 1 des Vertrags selbst widersprechende Neuerung, wenn im Art. 2 das Princip der Integrität der Monarchie anerkannt würde. Es kommt aber hinzu, dafs die angeführten Worte dieses Artikels das Motiv für dessen dispositiven Theil bilden, und die so eben bezeichnete Auslegung dieser Worte zu der Annahme nöthigen würde, dafs das Motiv zugleich zum Gegenstande der Anerkennung gemacht sei, sowie, dafs überhaupt ein Princip, welches keine Thatsache ist, doch in diesem Fall als eine solche behandelt worden.

Die Sache löst sich aber einfach, wenn man annimmt, dafs das Wort *reconnaitre* im Art. 2 nicht in der technischen Bedeutung des völkerrechtlichen, vertragsmäfsigen Anerkennens, sondern nach dem gewöhnlichen Sprachgebrauch angewendet worden ist. Dann gewinnt Alles den richtigen Sinn, und es wird namentlich der Anstofs gehoben, dafs ein so wichtiger Staatsact, wie die völkerrechtliche Anerkennung, unmöglich so nebenher in einem Zwischensatze untergebracht sein kann, zumal er ja in dieser Fassung weit mehr enthalten würde, als die ganze so mühsam motivirte Anerkennung der Successionsänderung.

III. Diese letztere ist aber auch nicht unmittelbar und bestimmt versprochen worden. Die contrahirenden Mächte haben freilich die Weisheit der Absichten gewürdigt, welche den König von Dänemark bei der Annahme des Plans bestimmt haben, den Prinzen Christian und dessen männliche Nachkommenschaft zur Succession zu berufen. Allein der Plan ist noch nicht ausgeführt, der König hat nur den Wunsch geäufsert, die Succession in seinen Staaten in der angegebenen Weise zu ordnen, und zu diesem Behufe sind erst Arrangements getroffen worden. (Es ist kaum möglich, für dieses Wort in seiner eigenthümlichen Bedeutung den richtigen deutschen Ausdruck zu finden; denn Vorkehrung, Mafsregel, Einrichtung, Anordnung giebt es nicht genau wieder; am Ersten dürfte noch Vorkehrung in der Unbestimmtheit des Begriffs den Sinn treffen.) Der König will ferner die Successionsordnung feststellen, ohne dafs eine Andeutung gegeben ist, in welcher Form, durch welche bestimmte Handlungen dies geschehen soll. Wenn die Mächte sich nun zur Anerkennung verpflichten — *dans le cas où peut se produire l'éventualité qui est en vue,* so bezieht sich diese Eventualität freilich nicht auf das Zustandekommen der vom Könige beabsichtigten Successionsänderung, sondern auf den Fall, dafs der Mannsstamm König Friedrich III. ausstirbt; aber auch jene Voraussetzung der bereits vollzogenen Successionsänderung mufs doch als eine sich von selbst verstehende angenommen werden. Denn erst dann ist es überhaupt möglich, ein Successionsrecht in dem Prinzen Christian anzuerkennen.

Unter diesen Umständen liegt es nun in der That nahe, dafs man bei der Auslegung des Vertrages noch einen Schritt weiter geht, und zu den nothwendigen Voraussetzungen der Anerkennung auch die rechnet, dafs die Feststellung der Succession durch den König von Dänemark in rechtsbeständiger Weise, unter der Beobachtung aller für eine solche Mafsregel wesentlichen Formen, also namentlich mit Zustimmung des deutschen Bundes, der berechtigten Agnaten und der betreffenden Landesvertretungen zu Stande gebracht werden sollte.

IV. Allein diese Auffassung, der man zu Ehren der neueren europäischen Politik gerne zustimmen möchte, läfst sich doch bei einer unbefangenen Prüfung des Vertrages nicht aufrecht halten. Das Widerstreben der englischen Staatsmänner, sich an dem Vertrage zu betheiligen, die zögernde Zustimmung Oesterreichs, die Proteste, welche der preufsische Bevollmächtigte ungeachtet des geheimen Artikels zum Berliner Frieden dem Vorhaben anfangs entgegensetzte, — alle diese Momente weisen schon darauf hin, dafs es sich hier nicht um die Anerkennung eines regelmäfsigen und rechtlich unanfechtbaren Staatsactes handelte. Der Umstand, dafs der Zustimmung der deutschen Centralgewalt und bei dem Abschlufs des Vertrages der deutschen Bundesversammlung, die inzwischen reactivirt worden war, keine Erwähnung geschieht, ist hierbei nicht zu übersehen; es konnte ferner der Londoner Conferenz nicht unbekannt geblieben sein, wie in dem Warschauer Protokoll mit dem Recht der Agnaten verfahren worden, und wie man sich die Stellung der Landesvertretungen zum Vertrage dachte, ist vielleicht schon in der Bezeichnung der einzelnen Lande, welche unter dem Scepter des Königs von Dänemark vereinigt waren, als Krongüter (*domaines*) angedeutet. Nun ist es freilich ein Gebot des

Sittengesetzes, dafs die Paciscenten in Verträgen kein Unrecht begehen sollen; aber dafs sie es nicht trotzdem wollen, sich wenigstens gleichgültig dagegen verhalten, kann nicht verhindert werden. Welchen rechtlichen Erfolg eine solche Handlungsweise hat, ist freilich eine andere Frage, die sogleich erörtert werden soll; aber der Wille der Paciscenten als solcher wird dadurch nicht berührt.

V. Dafs die contrahirenden Mächte gerade eine willkürliche, verfassungswidrige Regelung der Succession gewünscht oder gewollt haben, braucht nicht angenommen zu werden. Aber sie mufsten sich sagen, dafs eine vollkommen rechtmäfsige nach den Intentionen des Königs von Dänemark sicherlich nicht zu erreichen sein würde; sie mufsten wissen, worauf der in Warschau verabredete Plan gerichtet war, — und wenn sie dennoch zur Anerkennung des so festgestellten Successionsrechtes sich verpflichteten, ohne allen Vorbehalt, so mufs man annehmen, dafs bei der politischen Combination die Rechtsfrage ihnen gleichgültig blieb: dafs sie nöthigenfalls bereit waren, das Unrecht zu stärken und das Recht zu beugen. Das hätte freilich durch einen Garantievertrag oder durch die Verpflichtung zur Anerkennung, die sie gegenseitig und nicht blos dem Könige von Dänemark gegenüber übernahmen, mit gröfserer Wirkung geschehen können. Dafs die gemeinsame Uebereinstimmung den Act der europäischen Anerkennung doch nicht über die Verpflichtung einzelner Staaten, wenn auch der mächtigsten hinausführte, das schwächte allerdings den Erfolg, aber das Unsittliche, Völkerrechtswidrige des Vertrags wird dadurch nicht aufgehoben. Derselbe hat nicht den Zweck gehabt, ein Successionsrecht zu schaffen; aber er hat eine Successionsänderung ohne Rücksicht auf die Rechtmäfsigkeit ihrer Begründung in der thatsächlichen Durchführung sicher stellen sollen. Dafs unter dem Successionsrecht (*droit de succéder*) nichts Anderes verstanden worden, läfst sich nach dem Angeführten nicht wohl bezweifeln.

§. 5.
Der Vorbehalt des Artikel 3.

Der Vorbehalt, welcher auf das Verlangen Oesterreichs wegen der in der Bundesacte und dem geltenden Bundesrechte begründeten gegenseitigen Rechte und Pflichten zwischen dem deutschen Bunde und Dänemark gemacht ist, wird gewöhnlich als ganz bedeutungslos angesehen. Allein eine solche Auffassung widerspricht den ersten Regeln der juristischen Auslegung und darf erst dann für gerechtfertigt gelten, wenn es sich als unmöglich herausstellt, den Worten einen anderen Sinn als den einer blofsen Phrase abzugewinnen. Nun enthält das Bundesrecht (*loi fédérale*) den Inbegriff aller Rechtsnormen, welche für das Verhältnifs der einzelnen Bundesglieder zum Bunde bestimmend sind. Bekanntlich sind aber in den Verhandlungen, welche von Oesterreich und Preufsen Namens des Bundes in den Jahren 1851 und 1852 mit Dänemark geführt wurden, gewisse Rechte für die Herzogthümer Schleswig und Holstein stipulirt, und diese haben in dem Erlafs des Königs von Dänemark vom 28. Januar 1852 eine ausdrückliche Anerkennung gefunden. Auch diese Vereinbarungen könnten also durch den Vorbehalt des Art. 3 gewahrt und in den Vertrag vom 8. Mai aufgenommen scheinen.

Allein dieser Auslegung stehen doch erhebliche Bedenken entgegen; es kann namentlich dawider eingewendet werden, dafs der Vorbehalt von Oesterreich bereits im Jahre 1850 gemacht und jene Vereinbarungen erst in der Sitzung vom

29. Juli 1852 von der Bundesversammlung ratificirt worden sind, dafs sie also am 8. Mai bei Abschlufs des Vertrages noch nicht zum geltenden Bundesrecht gehörten. Hat aber der Art. 3 nicht die oben angegebene Bedeutung, so folgt daraus, dafs unter dem geltenden Bundesrecht das vor dem Ausbruch des Krieges geltende Recht, dem der König von Dänemark als Herzog von Holstein stets unterworfen geblieben war, verstanden werden mufs, — also auch der Bundesbeschlufs vom 17. Sept. 1846, dessen Geltung, soweit er nicht durch den Bundesbeschlufs vom 29. Juli 1852 abgeändert worden ist, überhaupt nicht bezweifelt werden kann.

§. 6.
Die Nichtigkeit des Vertrages.

Die Frage, ob und in wieweit der Londoner Vertrag rechtliche Wirkungen haben kann, bezieht sich nur auf die Stellung der Paciscenten. Denn dafs diese in keiner Weise befugt waren, über die Rechte Dritter, über welche ihnen keine Verfügung zustand, ein Abkommen zu treffen, welches die unmittelbar Betheiligten in irgend einer Weise binden konnte, bedarf keines weiteren Nachweises. Was aber die Paciscenten selbst betrifft, so hat freilich angenommen werden müssen, dafs sie sich über die Bedeutung der von ihnen getroffenen Vereinbarung klar gewesen sind, und dafs die sechs contrahirenden Mächte namentlich dem Könige von Dänemark gegenüber die Verpflichtung übernommen haben, das von ihm dem Prinzen von Glücksburg eingeräumte Successionsrecht in dessen Person anzuerkennen. Insofern nun jeder Vertrag auf der freien Willensbestimmung der Paciscenten für sich und auf der Uebereinstimmung, dem Consensus unter einander beruht, so liegt auch für den Londoner Vertrag das wesentliche Erforderniſs seiner Gültigkeit vor. Allein der Wille ist nur das Eine, **subjective** Moment des Vertrages; es muſs noch, damit er mit rechtlicher Wirkung gelten kann, ein anderes, **objectives** Moment hinzukommen; der Vertrag muſs einen Inhalt haben, und zwar einen solchen, der mit der natürlichen und sittlichen Weltordnung nicht in Widerspruch steht. Ein Vertrag, welcher zu einer unsittlichen Leistung verpflichtet, ist wie die Juristen sagen, sittlich unmöglich und ebenso wenig rechtsbeständig wie derjenige, welcher einen physisch unmöglichen Gegenstand hat. Die Beschaffenheit des Inhalts hebt dann die obligatorische Wirkung des Vertrages auf, macht ihn nichtig, und derjenige, welcher die Erfüllung verweigert, bricht seine Treue nicht, sondern unterwirft sich dem höheren Gebote der Sitte[*]). Dieses allgemeine Princip findet nicht nur im Privatrecht seine Anwendung[**]), sondern auch im Völkerrecht, welches überhaupt für die Verträge und die aus denselben entspringenden Verbindlichkeiten eine freiere Auffassung hat, als das unter den Regeln der formell bindenden Rechtsgesetze stehende Privatrecht. Für den Deutschen, welcher auf den Ruf der Treue mit Recht stolz ist, geziemt es sich gewiſs am wenigsten, die Heiligkeit der Verträge anzufechten, und aus Nützlichkeitsgründen den Bruch derselben zu rechtfertigen oder zu entschuldigen; aber gerade der sittliche Ernst, der sich der vollen Rechtspflicht gegen Andere bewuſst ist,

---

[*]) Vgl. Stahl, Rechts- und Staatslehre §. 55. 56. — Trendelenburg, Naturrecht §. 107.
[**]) L. 4. C. de inutilib. stipul. (8. 39) — cum omnia, quae contra bonos mores vel in pactum vel in stipulationem deducuntur, nullius momenti sint.

hat den Beruf, den inneren Gehalt der Handlungen vor der äufserlichen Werkheiligkeit in Schutz zu nehmen*).

Das Völkerrecht hat nun auch die Fälle, in denen ein Vertrag wegen seines unsittlichen Inhalts für nichtig zu halten und die Verweigerung der Erfüllung kein Treubruch ist, genauer festgestellt, und rechnet namentlich dahin, wenn die übernommene Verpflichtung einen Treubruch, die Verletzung älterer, noch bestehender Verbindlichkeiten gegen Dritte enthält, oder wenn kraft des Vertrags die Rechte eines Dritten verletzt werden sollen**). Prüfen wir also, ob und inwiefern der Londoner Vertrag unter diese Kategorien fällt.

Es kommt hierbei zuvörderst der eigenthümliche Umstand in Betracht, dafs die Natur der von den contrahirenden Mächten übernommenen Verbindlichkeit sich bei dem Abschlufs des Vertrages noch nicht genau übersehen liefs. Wenn der König von Dänemark die Staatssuccession in vollkommen recht- und verfassungsmäfsiger Weise änderte, so lag kein Grund vor, die Erfüllung des Vertrags zu verweigern; wenn aber das Gegentheil statt fand, dann war das Versprechen der Anerkennung nicht ohne eine Verletzung des Rechts- und Sittengesetzes zu erfüllen. Schon die Möglichkeit eines solchen Ausgangs, welche durch keinen Vorbehalt ausgeschlossen, ja wahrscheinlich von Anfang an ins Auge gefafst war, hebt die Rechtsbeständigkeit des Lon-

---

*) Keiner fordert entschiedener die Treue für völkerrechtliche Verträge als Vattel, ja er ist von Pinheiro Ferreira deswegen als einseitig getadelt worden; aber auch er erklärt (droit des gens liv. II, chap. 12, §. 161) — un traité fait pour cause injuste ou déshonnête est absolument nul, personne ne pouvant s'engager à faire des choses contraires à la loi naturelle.

**) Vgl. Heffter, Europ. Völkerrecht §. 83 und die dort angeführten Schriftsteller.

doner Vertrages auf; gegenwärtig, wo es klar vorliegt, wie die Successionsänderung von dem Könige von Dänemark durchgeführt worden, kann über die Nichtigkeit kein Zweifel bestehen. Denn es sind die Rechte des deutschen Bundes, der Herzogthümer und der Agnaten dabei verletzt worden, und wenn die Mächte jetzt noch den auf diese Weise zur Succession gelangten Prinzen von Glücksburg aufserhalb Dänemarks als Thronfolger anerkennen, so machen sie sich zu Mitschuldigen eines Attentates gegen das in diesem Fall von Fürsten und Völkern gleichmäfsig angerufene Princip der Legitimität, und das wiegt für Oesterreich und Preufsen um so schwerer, weil ihnen aufserdem noch der Bruch besonderer und älterer Verpflichtungen vorgeworfen werden könnte.

I. Durch das vom Könige Friedrich VII. publicirte Thronfolgegesetz vom 31. Juli 1853 ist das Recht des deutschen Bundes verletzt, weil es sowohl die in dem Bundesbeschlufs vom 17. September 1846 ausdrücklich gewahrten Rechte der Agnaten als auch die Machtvollkommenheit des Bundes selbst beeinträchtigt hat. Denn wenn der Bund auch über Successionsstreitigkeiten in regierenden deutschen Fürstenhäusern keine richterliche Gewalt hat, so ist doch die Bundesversammlung allein befugt zu bestimmen, wer zu den Bundesgliedern gehören soll*); ihr allein steht es ferner zu, über die Legitimation der Bundestagsgesandten und also mittelbar auch über die Anerkennung der Gewaltgeber zu entscheiden. Erwägt man dann noch, dafs es sich im vorliegenden Fall um die Wahrung eines deutschen Interesses gegen das in dem Thronfolgegesetz zur Geltung gelangte dänische handelt, und dafs Letzteres in deutschen Landen

---

*) W. S. A. Art. 6. 13. 16.

gewaltsam durchgesetzt werden soll, so ergiebt sich die Berechtigung des Bundes aus dessen allgemeinem Zwecke von selbst*). — Zwar ist der Bund unmittelbar nicht zu einer Einwirkung auf die Successionsverhältnisse im Herzogthum Schleswig berufen. Aber da es nach Landes- und Hausrecht keine holsteinische sondern nur eine schleswig-holsteinische Staatserbfolge giebt, und da der Bund das Recht Holsteins auf die gleiche Successionsordnung mit Schleswig als das Recht eines deutschen Bundeslandes gegen Verletzung zu schützen hat: so ist die mittelbare Einwirkung des Bundes auf Schleswig in diesem Fall nicht blos nach dem Völkerrecht sondern auch nach dem Bundesrecht begründet. Es muſs dabei ausdrücklich bemerkt werden, daſs der Beschluſs des Bundes vom 29. Juli 1852 so wenig wie die in seinem Namen geschlossenen Stipulationen auf die Staatserbfolge in Schleswig-Holstein sich beziehen, der Bund auch dem Londoner Vertrag nicht beigetreten ist, und der Bundesbeschluſs vom 17. September 1846 in dieser Beziehung also unverändert fort besteht.

II. In allen monarchischen Staaten, welche sich verfassungsmäſsig begründeter Rechtszustände erfreuen, ist es ein fester Rechtsgrundsatz, daſs eine Veränderung der Staatssuccession nicht allein die Angelegenheit des regierenden Hauses ist, und von dem Souverain nicht einseitig angeordnet werden kann. Es bedarf dazu der Zustimmung des Landes, welche nach germanischer Rechtsordnung nicht durch die Majorität aller Staatsbürger (*suffrage universel*), sondern durch den Beschluſs der verfassungsmäſsigen Landesvertre-

---

*) B. A. Art. 2. „Der Zweck desselben (des deutschen Bundes) ist: Erhaltung der äuſseren und inneren Sicherheit Deutschlands, und der Unabhängigkeit und Unverletzbarkeit der einzelnen deutschen Staaten."

tung erfolgt. Auch nach deutschem Staatsrecht gilt dieser Rechtsgrundsatz, welcher von Allen wird vertheidigt werden müssen, die in der Monarchie nicht blos ein einseitiges Herrschaftsverhältnifs, sondern ein Band sittlicher Gemeinschaft zwischen dem Volke und dem Herrscherhause erkennen. Für den dänischen Reichstag hat der König Friedrich VII. dieses wesentliche Erfordernifs einer verfassungsmäfsigen Successionsänderung gewahrt. Die Königliche Botschaft vom 4. October 1852 hat dessen Zustimmung erfordert und erst nachdem sie erlangt war, ist das Thronfolgegesetz vom 31. Juli 1853 erlassen worden. Das dänische Volk also, welches erst seit wenig Jahren seine im Jahre 1660 freiwillig aufgegebene politische Freiheit wieder erlangt hat, ist gewürdigt worden, seine entscheidende Stimme in dieser Angelegenheit abzugeben; dagegen ist den Herzogthümern Schleswig-Holstein und Lauenburg keine Gelegenheit geboten, das gleiche Recht auszuüben. Und doch hat namentlich Schleswig-Holstein einen alten geschichtlich begründeten Anspruch auf eine solche Betheiligung bei der Successionsänderung. Denn der schleswig-holsteinische Landtag hat mit dem Stammvater des oldenburgischen Hauses den Grundvertrag von 1460 abgeschlossen, welcher den Rechtstitel für seine und des Hauses Herrschaft in jenen Landen bildet. Es ward ausdrücklich vereinbart, dafs nur die Wahl der Stände den König Christian von Dänemark zur Herrschaft berufen habe, und dafs auch unter seinen Nachkommen auf dieselbe Weise der Nachfolger in die herzogliche Würde bestimmt werden solle. Nun ist das landständische Wahlrecht freilich dem vollen fürstlichen Erbrechte erlegen, aber nicht im Wege der Usurpation; als die Stände es nicht mehr aufrecht erhalten konnten, ist es vertragsmäfsig und in einer bestimmten Beschränkung von ihnen aufgegeben worden.

Auf dem im Jahre 1616 zu Schleswig abgehaltenen Landtage einigte man sich dahin, für das Wahlrecht das Erstgeburtsrecht eintreten zu lassen, („jedoch den *Punctum Electionis* vorinserirter Erklärung nach *ad Jus Primogeniturae* reduciret"). Die Primogeniturordnung aber ist die reine agnatische Linealerbfolge, und diese ist die verfassungsmäfsige Grundlage der schleswig-holsteinischen Staatssuccession geblieben.

Die Schleswig-Holsteiner nehmen auch gegenwärtig kein Wahlrecht in Anspruch; aber sie wollen sich ihr nach Erstgeburtsrecht berufenes Fürstenhaus nicht durch einen Act der Willkür entziehen lassen; sie segnen die Fügung, welche den Knoten, der im Jahre 1460 geschürzt ward, im Jahre 1863 wieder gelöst hat.

III. Wenn der Londoner Vertrag aufrecht erhalten wird, so findet endlich eine offenbare Verletzung des Rechts der Agnaten statt. Denn nach der in den deutschen souverainen Häusern geltenden *successio ex pacto et providentia maiorum*, d. h. nach dem Princip der Legitimität haben die einzelnen Erbberechtigten ein wohlerworbenes Recht auf die Nachfolge (Successionsrecht), und zwar in der Reihenfolge, in der sie berufen werden (Successionsordnung). Nur mit ihrer Zustimmung kann eine rechtbeständige Veränderung dieses Verhältnisses eintreten; zur Wahrung desselben gegen widerrechtliche Eingriffe bedarf es nicht einmal der Proteste der Verletzten, welche nur nothwendig sind, wenn ihre Unterlassung auf einen stillschweigenden Verzicht schliefsen lassen würde.

Das gute Recht der Augustenburgischen Linie auf die Staatssuccession in Schleswig-Holstein, nachdem der Mannsstamm der älteren Königlichen Linie ausgestorben, ist schon wiederholt in so überzeugender Weise nachgewiesen worden, dafs ich hier die dafür sprechenden Gründe nicht zu wiederholen brauche. Nur die in neuester Zeit mit so emsiger Beflissenheit herumgetragenen Bedenken gegen die Successionsfähigkeit der Mitglieder des Augustenburgischen Hauses wegen mangelnder Ebenbürtigkeit möge hier kurz berührt werden. Nach der strengeren Ansicht nämlich, welche ich für die richtige halte, ist nach dem deutschen Privatfürstenrecht die Ehe mit einer nicht ebenbürtigen Dame eine Mifsheirath, und die aus einer solchen Ehe geborenen Kinder sind nicht successionsfähig. Unzweifelhaft aber ist es, dafs das Erfordernifs der Ebenbürtigkeit nur die Regel für die deutschen souverainen Häuser bildet, dafs diese Regel aber in den einzelnen Häusern durch Hausgesetz, Observanz und Anerkennung aufser Kraft gesetzt sein kann. Dies ist nun in dem oldenburgischen Hause durch Observanz geschehen*), und die Successionsfähigkeit der Augustenburgischen Linie daher nicht zu bestreiten.

§. 7.
Der Vertragsbruch von Seiten Dänemarks.

. Aus den angeführten Gründen ist die Verpflichtung der contrahirenden Mächte und namentlich Oesterreichs und Preufsens aus dem Londoner Vertrage für nichtig zu halten und die Erfüllung desselben, also die Anerkennung des Prinzen Christian von Glücksburg für diejenigen Lande, in denen nicht die Erbfolge des dänischen Königsgesetzes gegolten hat, zu verweigern. Aber selbst wenn die Rechtsbeständigkeit des Vertrags an und für sich angenommen werden müfste, so liegt doch für Oesterreich und Preufsen ein

---

*) Vgl. die Nachweisungen bei Zöpfl, die Mifsheirathen. S. 110 ff.

Grund vor, sich von demselben loszusagen, nämlich der Vertragsbruch von Seiten Dänemarks.

Es ist oben (§. 5) erörtert worden, ob der Vorbehalt in Art. 3 des Vertrags auch die Vereinbarungen befafst, welche in den Jahren 1851 und 1852 zwischen dem deutschen Bunde und Dänemark in Beziehung auf Schleswig-Holstein eingegangen worden sind. Aber wenn man dem Vorbehalte auch diese rechtliche Bedeutung absprechen mufs, so stehen doch aus einem andern Grunde jene Verhandlungen in einer unmittelbaren Beziehung zu dem Vertrage, und die von dem Könige von Dänemark übernommenen Verpflichtungen werden für eben so bindend angesehen werden dürfen, als wenn sie im Vertrage selbst stipulirt wären. Denn es ergiebt sich aus dem Gange der Verhandlungen, welche in den Jahren 1851 und 1852 gleichzeitig zwischen Dänemark und Oesterreich und Preufsen Namens des deutschen Bundes über die Verhältnisse Schleswig-Holsteins, sowie zwischen Dänemark und Oesterreich und Preufsen im eigenen Namen über deren Beitritt zum Londoner Vertrage geführt wurden, dafs zwischen beiden Verhandlungen ein innerer Zusammenhang bestand, und dafs der Beitritt Oesterreichs und Preufsens zum Londoner Vertrage von der Erfüllung der von Dänemark für die Herzogthümer gemachten Zusicherungen bedingt war. Dafs man von Seiten der pactirenden Mächte die Sache so auffafste, ergiebt sich aus dem Erlafs des dänischen Ministers Bluhme vom 6. Dec. 1851 und aus der Antwort des Fürsten Schwarzenberg vom 26. Dec. 1851, welche in der Anlage diesen Punkt besonders hervorhebt[*]). Dieselbe Auffassung

---

[*]) S. Schleswig-Holsteins Gegenwart im März 1854 (Jena 1854) Anl. *B* und *C*. Vgl. die Rede des vormaligen Ministers Bluhme vom 13. Nov. 1863, welche die Nordd. Allgem. Zeitung vom 29. Nov. d. J. Nr. 279 mittheilt.

hat die preufsische Staatsregierung in der Sitzung des Abgeordnetenhauses vom 1. December d. J. als die Ihrige anerkannt.

Diese Stipulationen zu Gunsten Schleswig-Holsteins, welche die Proclamation des Königs von Dänemark vom 28. Januar 1852 zusammenfafste, und welche die Grundlage des Bundesbeschlusses vom 29. Juli 1852 bildeten, waren also die Voraussetzungen, unter denen Oesterreich und Preufsen sich bestimmen liefsen, dem Londoner Vertrage vom 8. Mai 1852 beizutreten und sich zur Anerkennung des Prinzen von Glücksburg zu verpflichten. Solche wesentliche Voraussetzungen aber, welche den Willen der Contrahenten bestimmen und für den Abschlufs eines Vertrages entscheiden, gehören, auch wenn sie nicht ausdrücklich in den Vertrag selbst aufgenommen sind, doch zu dessen Inhalt, so dafs ihre Erfüllung als eine vertragsmäfsige gefordert werden kann, und ihre Nichterfüllung dieselbe Wirkung wie die einer ausdrücklichen Verabredung hat*).

Dafs nun von Seiten Dänemarks die in Beziehung auf die Herzogthümer übernommenen Verpflichtungen nicht erfüllt sind, ist notorisch. In Schleswig hat sich die Verletzung der deutschen Nationalität in Sitte, Sprache, Kirche und Schule bis zum Unerträglichen gesteigert, in beiden Landen ist die finanzielle Ueberbürdung, die Beeinträchtigung der landständischen Rechte klar hervorgetreten, und hat in Beziehung auf Holstein die deutsche Bundesversammlung schon längere Zeit beschäftigt. Dann ist durch die K. Verordnung vom 30. März d. J. die rechtliche Stellung Holsteins von Grund aus erschüttert worden und die am 18. Nov. vom Könige

---

*) Windscheid, die Lehre des römischen Rechts von der Voraussetzung S. 108.

Christian IX. sanctionirte Incorporation Schleswigs in Dänemark hat den Umsturz aller verfassungsmäfsigen Verhältnisse, deren Aufrechthaltung ausdrücklich verheifsen war, herbeigeführt. Die Frage ist nicht mehr, ob ein Vertragsbruch von Seiten Dänemarks vorliegt, sondern welche rechtliche Folgen damit verbunden sind, — ob namentlich Oesterreich und Preufsen dadurch das Recht erhalten haben, nun auch ihrerseits vom Londoner Vertrage, dessen wesentliche Voraussetzung weggefallen ist, zurückzutreten, oder ob sie nur ein Zwangsrecht auf Erfüllung gegen Dänemark haben.

Das Völkerrecht giebt hierauf eine Entscheidung, welche schon Hugo Grotius bestimmt formulirt hat*), und welche als allgemein anerkannte Rechtsnorm gilt. Der Vertragsbruch des einen Theils giebt dem anderen Theile die Wahl, ob er die Erfüllung erzwingen oder auch seinerseits von dem Vertrage zurücktreten will**).

---

*) De iure belli et pacis lib. II. cap. 15. §. 15. „Si pars una foedus violaverit, poterit altera a foedere discedere: nam capita federis singula conditionis vim habent."

**) cf. Vattel, droit des gens liv. II. chap. 13. §. 200. „Les traités contiennent des promesses parfaites et réciproques. Si l'un des alliés manque à ses engagements, l'autre peut le contraindre à les remplir; c'est le droit que donne une promesse parfaite. Mais s'il n'a d'autre voie que celle des armes pour contraindre un allié à garder sa parole, il lui est quelquefois plus expédient de se dégager aussi de ses promesses, de rompre le traité; et il est indubitablement en droit de le faire, n'ayant rien promis que sous la condition que son allié accomplirait de son côté toutes les choses auxquelles il s'est obligé. L'allié offensé ou le lésé dans ce qui fait l'objet du traité, peut donc choisir, ou de contraindre un infidèle à remplir ses engagements, ou de déclarer le traité rompu, par l'atteinte qui y a été donnée. C'est à la prudence, à une sage politique de lui dicter dans l'occasion ce qu'il aura à faire." cf. Heffter, Europ. Völkerrecht §. 98.

§. 8.
Schluſs.

Ich fasse das Ergebniſs dieser Untersuchungen in folgenden Sätzen zusammen:

I. Der Londoner Vertrag vom 8. Mai 1852 hat nur die einzelnen mit Dänemark contrahirenden Mächte zur Anerkennung des Prinzen Christian von Glücksburg verpflichten sollen.

II. Ueber eine völkerrechtliche Anerkennung der Integrität der dänischen Monarchie ist nichts vereinbart worden.

III. Der Londoner Vertrag ist in sich nichtig, weil er die Rechte Dritter — des deutschen Bundes, der Herzogthümer und der Agnaten — verletzt; er ist es für Oesterreich und Preuſsen noch besonders, weil er beide Mächte zum Bruch älterer Vertragsverbindlichkeiten verpflichten würde.

IV. Die Vereinbarungen, welche in den Verhandlungen von 1851 und 1852 in Betreff der Herzogthümer Schleswig-Holstein getroffen worden sind, bilden für Oesterreich und Preuſsen eine wesentliche Voraussetzung ihres Beitritts zum Londoner Vertrage. Selbst die Rechtsbeständigkeit desselben vorausgesetzt, berechtigt der Vertragsbruch von Seiten Dänemarks Oesterreich und Preuſsen, von dem Londoner Vertrage zurückzutreten.

Grande-Bretagne sur la base des préliminaires arrêtés à Berlin, parviennent à une conclusion prochaine.

§ 4. Lorsque ce bût aura été atteint, les dites puissances se réservent de se concerter entre-elles, afin de donner aux résultats de cette paix un gage nouveau de stabilité en y donnant l'adhésion des puissances susmentionnées*).

Il est convenu que cette délibération aura lieu à Londres, et que les dites puissances muniront à cet effet leurs réprésentans des pleins-pouvoirs nécessaires.

B.

PROTOCOLE
DE LA CONFÉRENCE TENUE AU FOREIGN OFFICE LE 2 AOUT 1850.

Présents:
Les Plénipotentiaires: d'Autriche,
de Danemark,
de France,
de la Grande Bretagne,
de Russie et
de Suède et de Norvège.

S. M. l'Empereur d'Autriche, le Président de la République Française, S. M. la Reine du Royaume Uni de la Grande Bretagne et d'Irlande, S. M. le Roi de Prusse, S. M. l'Empereur de toutes les Russies et S. M. le Roi de Suède et de Norvège, considérant que le maintien de l'intégrité de la Monarchie Danoise, lié aux intérêts généraux de l'équilibre Européen est d'une haute importance pour la conservation de la paix, ont résolu, à l'invitation de S. M. le Roi de Danemark, de constater le parfait accord qui

---

*) 1. Variante rejétée par Lord Palmerston: un gage additionnel de stabilité en signant entre elles une convention destinée à confirmer le principe du maintien de l'intégrité de la monarchie Danoise. 2. Variante pas encore discutée avec Lord Palmerston: un gage additionel de stabilité en convertissant le présent protocole en une convention qu'elles signeraient entre elles.

subsiste entre Leurs Cabinets quant au maintien de ce principe, et autorisé Leurs Plénipotentiaires réunis en conférence à émettre en Leur nom la déclaration ci-après:

§ 1.

Le désir unanime des dites Puissances est que l'état des possessions actuellement réunies sous la domination de S. M. Danoise soit maintenu dans son intégrité.

§ 2.

En conséquence elles reconnaissent la sagesse des vues, qui déterminent S. M. le Roi de Danemark à régler eventuellement l'ordre de succession dans Sa Royale Maison, de manière à faciliter les arrangements au moyen desquels le but ci-dessus mentionné pourra être atteint sans altérer les relations du Duché de Holstein avec la Confédération Germanique.

§ 3.

Elles se félicitent, que les négociations ouvertes à Berlin sous la médiation de la Grande Bretagne aient déjà amené la signature d'un Traité entre le Danemark et la Prusse en son nom et au nom de la Confédération Germanique, Traité qui, elles en ont le ferme espoir, aura pour résultat le rétablissement de la paix.

§ 4.

Voulant de leur côté manifester dès-à-présent leur désir de faciliter, en autant qu'il peut dépendre d'elles la conclusion des arrangements mentionnés dans l'art. II du présent protocole, les dites Puissances se réservent de se concerter entre elles afin de donner à ces arrangements un gage additionnel de stabilité par un acte de reconnaissance Européenne. Il est convenu, que cette délibération aura lieu à Londres et que les dites Puissances muniront à cet effet leurs Représentants de pleinpouvoir nécéssaire.

(signé) Reventlow.
E. Drouyn de Lhuys.
Palmerston.
Brunnow.
J. G. Rehausen.

PROTOCOLE
DE LA CONFÉRENCE TENUE AU FOREIGN OFFICE LE 23 AOUT 1850.

Présents:
Les Plénipotentiaires: d'Autriche,
de Danemark,
de France,
de la Grande Bretagne,
de Russie et
de Suède et de Norvège.

Le Chargé d'affaires d'Autriche a annoncé:

Qu'il a été autorisé par Sa Cour à adhérer en Son nom aux principes énoncés dans le préambule et l'Article I du Protocole du 2 Août 1850, ainsi qu'aux déclarations renfermées dans les articles II et IV; bien entendu que les stipulations du susdit protocole ne pourront porter préjudice aux droits de la Confédération Germanique. — Le Ministre de Danemark, en acceptant avec satisfaction l'adhésion ainsi donnée par la Cour d'Autriche au Protocole du 2 Août, a cru devoir rappeler de son côté, qu'il est bien entendu que les droits fédéraux de l'Allemagne ci-dessus mentionnés ne sauraient s'appliquer qu'au Duché de Holstein et à celui de Lauenbourg, comme faisant partie de la Confédération Germanique.

Les Représentants de France, de la Grande Bretagne, de Russie, et de Suède et de Norvège en rendant unanimement justice aux sentiments, qui ont déterminé la Cour d'Autriche à adhérer aux principes établis par le Protocole du 2 Août dans un intérêt général de paix et d'équilibre Européen ont pris acte des sus-dites déclarations.

(signé) KOLLER.
D. REVENTLOW.
E. DROUYN DE LHUYS.
PALMERSTON.
BRUNNOW.
J. G. REHAUSEN.

C.

Das Warschauer Protokoll über die dänische Erbfolge.

PROTOCOLE.

Sa Majesté le Roi de Danemark et Sa Majesté l'Empereur de toutes les Russies, prenant en considération les transactions conclues entre leurs Augustes Prédécesseurs dans les années 1767 et 1773.

Considérant qu'autant pour établir le repos du Nord de l'Europe sur un pied durable, que pour écarter tout ce qui pouvait alors, ou dans l'avenir, donner lieu à des malentendus ou différents dans l'Auguste Maison d'Oldenbourg, l'Empereur Paul, de glorieuse mémoire, alors Grand-Duc de Russie, a renoncé pour Lui-même ainsi que pour Ses héritiers et descendans, en faveur de Sa Majesté le Roi Chrétien VII de glorieuse mémoire, ainsi que des héritiers de Sa Couronne Royale, a tous ses droits et prétentions au Duché de Slesvig en général, comme à la partie ci-devant Princière de ce Duché en particulier;

que de la même manière et par les mêmes motifs Sa Majesté l'Empereur Paul à cédé pour Lui-même ainsi que pour Ses descendans, héritiers et successeurs, tout ce qu'Il possédait dans le Duché de Holstein, soit en commun avec Sa Majesté le Roi de Danemark, soit séparément;

considérant que cet acte de cession du Duché de Holstein n'a eu lieu expressément qu'en faveur de Sa Majesté le Roi Chrétien VII et de Sa descendance mâle, ainsi qu'éventuellement en faveur de feu le Prince Frédéric, frère du Roi, et de la descendance mâle de ce Prince; et

que les éventualités qu'admettaient les termes mêmes de cet acte de cession, se sont en partie déjà réalisées par l'extinction de la descendance mâle du Roi Chrétien VII, ou peuvent se réaliser dans un avenir plus ou moins rapproché, sans que les dites transactions y aient pourvu d'aucune manière;

prévoyant les dangers que ce silence des traités existans peut avoir pour la monarchie Danoise, si, à la suite de l'extinction de la lignée mâle, actuellement sur le trône de Danemark, la *lex regia* recevait son application pure et simple à une partie de cette monarchie;

se sont reconnu l'obligation et le droit, comme successeurs des Augustes Parties Contractantes aux transactions de 1767 et 1773, de s'entendre ultérieurement sur les combinaisons les plus appropriées au double but qu'Elles ont eu en vue.

En conséquence les Soussignés, après un mûr examen de toutes les questions qui se rattachent à cette affaire, ont arrêté entre eux, sous la réserve expresse de la haute approbation de leurs Souverains respectifs, et ont consigné dans le présent protocole les points qui suivent:

1. Le but qu'on se propose dans l'intérêt de la paix du nord autant que dans celui de la paix intérieure de l'Auguste Maison d'Oldenbourg, savoir le maintien de l'intégrité de la monarchie Danoise, ne peut être réalisé qu'au moyen d'une combinaison qui appelle à la succession dans la totalité des Etats actuellement réunis sous le sceptre de Sa Majesté le Roi de Danemark, la seule descendance mâle à l'exclusion des femmes.

2. La descendance mâle du Prince Chrétien de Slesvig-Holstein-Sonderburg-Gluecksbourg et de Son Epouse Madame la Princesse Louise de Hesse réunit en elle les droits d'héridité qui, à l'extinction de la lignée mâle actuellement régnante en Danemark, lui échoient en vertu des renonciations de Son Altesse Royale Madame la Landgrave Charlotte de Hesse, de Son fils Monseigneur le Prince Frédéric de Hesse et de Sa fille Madame la Princesse Marie d'Anhalt-Dessau.

3. Voulant de Son côté compléter les titres résultant de ces renonciations et amener ainsi une combinaison qui serait d'un si haut intérêt pour le maintien de la monarchie Danoise dans son

intégrité, Sa Majesté l'Empereur de toutes les Russies, comme Chef de la branche aînée de Holstein-Gottorp, serait prêt à renoncer aux droits éventuels qui Lui appartiennent, en faveur de Monseigneur le Prince Chrétien de Gluecksbourg et de sa descendance mâle.

Toutefois il est entendu:

que les droits éventuels des deux branches cadettes de Holstein Gottorp seraient expressément réservés; que ceux dont l'Auguste Chef de la branche aînée ferait l'abandon pour Lui-même et pour Sa descendance mâle en faveur du Prince Chrétien de Gluecksbourg et de Sa descendance mâle, renaîtraient dans la Maison Impériale de Russie à l'époque où, ce qu'à Dieu ne plaise, la descendance mâle de ce Prince viendrait à s'éteindre;

que puisque la renonciation de Sa Majesté l'Empereur aurait principalement pour but de faciliter une combinaison que réclament les premiers intérêts de la monarchie, l'offre d'une pareille renonciation cesserait d'être obligatoire, si la combinaison elle-même venait à manquer.

4. Par suite des considérations qu'indiquent les §§ 2 et 3 ci-dessus, Monseigneur le Prince Chrétien de Gluecksbourg conjointement avec Madame la Princesse Son Epouse, et à leur défaut, la descendance mâle de Leurs Altesses, aurait plus qu'aucune autre branche des titres qui les rendent habiles à succéder, le cas échéant, dans les Etats réunis actuellement sous le sceptre de Sa Majesté Danoise.

En conséquence les deux Cours de Copenhague et de Saint-Pétersbourg sont convenues:

que Sa Majesté le Roi de Danemark désignera le Prince et la Princesse de Gluecksbourg conjointement comme les héritiers présomptifs de Sa Couronne pour le cas où la lignée mâle de la dynastie actuellement régnante viendrait à s'éteindre;

que Sa Majesté fera connaître Sa haute détermination aux puissances amies du Danemark;

que si, pour assurer la complète réussite de cette combinaison, encore d'autres renonciations étaient jugées utiles et désirables, ce serait à Sa Majesté Danoise à Se charger des indemnités auxquelles il pourrait être reconnu des titres justes et équitables;

enfin que c'est à Londres qu'auront lieu les négociations nécessaires pour donner aux arrangements, en vertu desquels le Prince et la Princesse de Gluecksbourg seront reconnus comme successeurs présomptifs au trône de Danemark, le caractère d'une transaction Européenne.

Les Soussignés se réservent de soumettre le présent protocole à Leurs Augustes Souverains et de solliciter Leur haute approbation en faveur des disposition qu'il renferme.

Varsovie ce 24. Mai. 5. Juni 1851.

(Signé)   REEDTZ.   NESSELRODE.   MEYENDORFF.

D.

Der Londoner Vertrag vom 8. Mai 1852.

„Au nom de la très sainte et indivisible Trinité.

S. Maj. la reine du royaume-uni de la Grande Bretagne et de l'Irlande, S. Maj. l'empereur d'Autriche, roi de Hongrie et de Bohême, le Prince-Président de la République Française, S. M. le roi de Prusse, S. M. l'empereur de toutes les Russies, et S. M. le roi de Suède et de Norvège, prenant en considération que le maintien de l'intégrité de la monarchie Danoise, comme se rattachant aux intérêts généraux de l'équilibre des puissances en Europe, est d'une haute importance pour la conservation de la paix, et qu'un arrangement par lequel la succession, pour tous les domaines aujourd'hui réunis sous le sceptre de S. M. le roi de Danemark, serait dévolue à la ligne principale, à l'exclusion des femmes, serait le meilleur moyen de garantir l'intégrité de cette monarchie, ont résolu, sur la demande de S. M. Danoise, de conclure un traité pour donner aux arrangements ayant trait à cet ordre de succession un nouveau gage de stabilité par un acte de reconnaissance Européenne.

„En conséquence, les hautes parties contractantes ont nommé pour leurs plénipotentiares, savoir: (Folgen die Namen der Repräsentanten, nämlich für England Graf Malmesbury; für Oesterreich Baron L. K. von Kübeck; für Frankreich Alexander Colonna, Graf Walewski; für Rufsland Gr. v. Brunnow; für Preufsen Ritter Bunsen; für Schweden Baron v. Rehausen; für Dänemark Herr v. Bille).

„Après s'être communiqué leurs pleins pouvoirs respectifs, trouvés en bonne et dûe forme, tous les susnommés ont adopté les articles ci-après:

„Art. 1. Après avoir pris en sérieuse considération les intérêts de sa monarchie, S. M. le roi de Danemark, avec l'assentiment de S. A. R. le prince héréditaire, et son plus proche parent, appellé à la succession en vertu de la loi royale de Danemark, aussi bien que le concert avec S. M. l'empereur de toutes les Russies, chef de la branche ainée de la maison de Holstein-Gottorp, ayant déclaré son désir de régler l'ordre de succession à ses états, de telle manière qu'à défaut de descendance masculine en ligne directe du roi Frédéric III de Danemark, sa couronne soit transmise à S. A. le prince Christian de Schleswig-Holstein-Sonderbourg-Gluecksbourg, et aux descendants issus du mariage de ce prince avec S. A. R. la princesse Louise de Schleswig-Holstein-Sonderbourg-Gluecksbourg, née princesse de Hesse, dans l'ordre de primogéniture, de mâle en mâle; les hautes parties contractantes, appréciant la sagesse des vues qui ont déterminé l'adoption de cette combinaison, s'engagent d'un commun accord, dans le cas où peut se produire l'éventualité qui est en vue, à reconnaitre en S. A. le prince Christian de Schleswig-Holstein-Sonderburg-Gluecksbourg et ses descendants mâles issus en ligne directe de son mariage avec ladite princesse le droit de succéder à la totalité des Etats actuellement unis sous le sceptre de S. M. le roi de Danemark.

„Art. 2. Les hautes parties contractantes, reconnaissant le principe de l'intégrité de la monarchie Danoise comme permanent, s'engagent à prendre en considération telles ouvertures ultérieures que S. M. jugera à propos de leur faire, si (ce qu'à Dieu ne plaise) l'extinction des héritiers mâles, en ligne directe, de S. A. le prince Christian de Schleswig-Holstein-Sonderburg, par son mariage avec la princesse Louise, devenait imminente.

„Art. 3. Il est expressément entendu que les droits et les obligations réciproques de S. M. le roi de Danemark et de la confédération germanique, concernant les duchés de Holstein et de Lauenbourg, droits et obligations établis par l'acte fédéral de 1815 et par la loi fédérale actuelle, ne seront point altérés par le présent traité.

„Art. 4. Les hautes parties contractantes se réservent le droit de porter le présent traité à la connaissance des autres puissances, en les invitant à y accéder.

„Art. 5. Le présent traité sera ratifié et les ratifications seront échangées à Londres, dans le délai de six semaines, au plus tôt s'il est possible.

„En foi de.quoi les plénipotentiaires respectifs ont signé ce traité et y ont apposé leurs sceaux.

„Fait à Londres, le 8 mai, en l'an de grâce 1852."

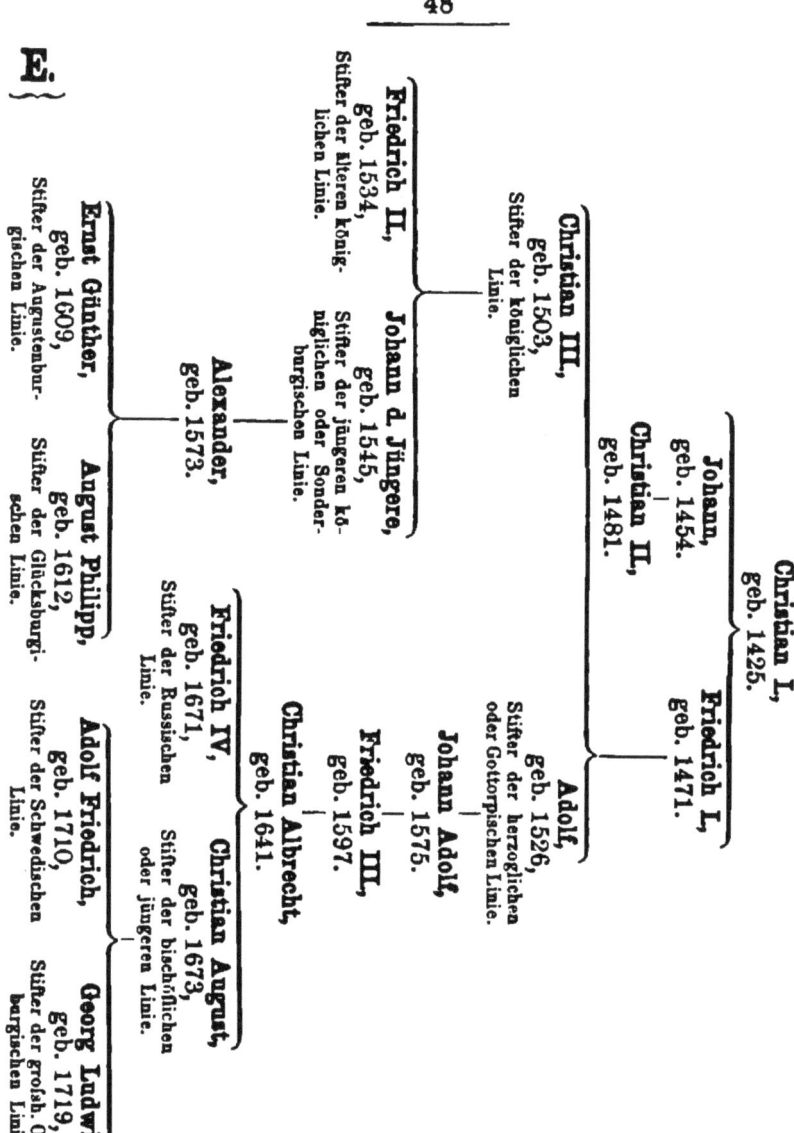